目で学ぶ
シリーズ
4

見るだけでうまくなる！

ラグビー
の基礎

著 長島 章
世田谷区立千歳中学校
ラグビー部監督

ベースボール・マガジン社

はじめに

　ラグビーは『自由なスポーツ』といわれます。ボールを持ったら自分で走ってもいいし、パスをしたり、キックを蹴ったり、相手に当たったりすることもできます。ゲームの中でそれらを判断し、選択することで、プレーが広がっていく。この『自由』という点が、ラグビーの最大の魅力といえるでしょう。

　またラグビーは、激しい身体接触（コンタクト）をともないます。体力的に非常にきつく、ケガの危険性も高い。そして、そうした過酷なスポーツだからこそ、ラグビーをやった人は強い連帯感で結ばれるようになります。「ラグビーをやっていたんです」というだけで、初めて会ったばかりの人とも不思議と意気投合できる。それはきっと、このタフなスポーツをやり抜いた仲間なのだという実感が、リスペクトを生むからだと思います

　2019年に日本で行われたラグビーワールドカップでは、多くの人がラグビーのよさを知り、その魅力に惹きつけられました。あれほどのブームが巻き起こった要因は、日本代表の快進撃をきっかけにラグビーの持つ本質的な価値が発信され、見る人の心に響いたからだと思います。極限まで消耗しながら、チームのため、仲間のために、懸命に身体を張り続ける選手たちの姿が、たくさんの人の魂を揺さぶったのです。

「自分もラグビーをやってみよう！」と本書を手にとってくださったみなさん、ぜひこのすばらしいスポーツに、思う存分没頭してください。ラグビーには、人生を豊かにしてくれる大切なことが詰まっています。やってみれば必ずラグビーの虜になり、この競技から離れられなくなるはずです。

世田谷区立千歳中学校ラグビー部監督　**長島 章**

この本の使い方

ねらい

そのページに解説されている内容を習得する目的です。

ねらい ▶ 顔を寄せてボールをもぎとり、確保する

11
●リップ

タイトル

そのページで解説しているプレーや練習の名前です。

プレーと練習の解説

写真やイラスト、グラウンド図を交えて、プレーやその練習の手順、内容を解説します。

1 セット
パートナーがハンドダミー越しにボールを持つ。練習者は1～2メートル離れる。

2 間合いを詰める
パワーポジションを保ったまま間合いを詰め、十分近づいたところでボールをとりにいく。

こんなイメージ

顔でボールに入る
実戦ではボールが常に動いているため、目と手が離れているとボールへの反応がずれやすい。目と手を連動させ、顔でボールに入るイメージでやってみよう。

122

こんなイメージ

解説だけでは伝わりにくい動きを補足します。

この本は、主にラグビースクールや中学校・高校の部活動で
ラグビーに取り組んでいる方に向けた本です。
入門者、初心者が覚えておきたいプレーやその練習方法などを
写真と図で解説しています。

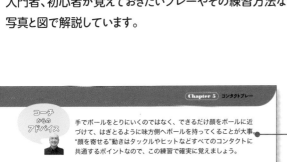

コーチからのアドバイス

手でボールをとりにいくのではなく、できるだけ顔をボールに近づけて、はぎとるように味方側へボールを持ってくることが大事。"顔を寄せる"動きはタックルやヒットなどすべてのコンタクトに共通するポイントなので、この練習で確実に覚えましょう。

❸ リップ
腕、肩、首回りを使ってボールをもぎとる。

❹ フィニッシュ
味方側に引き寄せ、ボールを確保する。

動きのコツ
肘と膝をつける
もぎとる際は右腕の肘を後ろ足の膝につけるようにグッと引き寄せると、力強くリップすることができる。

これはNG
顔が離れている
顔が離れて手だけでボールをとるのは×。力が入らず、ボールをもぎとれない。

123

コーチからのアドバイス

そのプレーや練習がどんなものなのか、それによってどんな効果があるのかを解説しています。

動きのコツ

そのプレーや練習で覚えてほしい動きや意識を解説します。

これはNG

そのプレーや練習をする時にありがちなミスを伝えます。

ワンランクアップ
押しながら"引く"
タックルでは、「肩を当てて押しながら、バインドした腕を引きつける」という感覚を身につけることが重要になる。バインドをしっかり引けば、腕が相手の身体の下にならないため、地面にこすれてケガをする危険性も減る。

113

ワンランクアップ

さらに1歩、踏み込んだものを紹介します。

CONTENTS

CONTENTS

練習をはじめる前に

ラグビーには複数の得点方法とさまざまなルールがある。
服装や用具、グラウンドと合わせて、基礎知識を学ぼう。

01

ラグビーのスタイル&用具

ウェア

ジャージー、短パン、ストッキング、靴を着用する。また日本では安全のため、高校生以下はヘッドギアの着用が義務づけられている。

スパイク

スタッド（靴裏につけられた地面をとらえるための突起）がネジ式で取り替えられる『取り替え式』と、靴裏に固定され取り外せない『固定式』の2種類がある。

こんなイメージ

自分のレベルに合わせる

スパイクは取り替え式より固定式のほうが足への負担は少なくなるし、硬い校庭ならトレーニングシューズでもOK。ラグビーのスタイルを優先してケガをしては意味がないので、レベルに応じて用具を選ぼう。

コーチ
からの
アドバイス

ラグビーで最優先すべきは、安全性です。練習でも試合と同じように準備するようにしましょう。スパイクは固定式のほうが足への負担は少なくなりますし、硬い校庭ならトレーニングシューズでもOK。場所やポジションに応じて用具を選んでください。

ボール

特徴的な楕円球のボールを使用する。サイズは3種類あり、幼児・小学校
低学年は3号、小学校高学年は4号、中学生以上は5号を使用する。

ワンランクアップ

できれば普段から試合と同じスタイルで

練習ではTシャツやショートソックスなどで行うこともあるが、Tシャツでコンタクト練習をすると引っ張られて破れる危険性があり、ストッキングには接触時のすり傷を防ぐ役割もある。安全性に関わるため、普段の練習から試合と同じスタイルで行うのがおすすめ。

ラグビーの得点方法

トライ

相手陣のインゴール（ゴールラインとタッチライン、デッドボールラインに囲まれたエリア）にボールをつける（グラウンディングする）と5点を獲得する。

ペナルティトライ

相手チームによる不正なプレーがなければトライが得られたという場合は「ペナルティトライ」となり、コンバージョンは行わず7点が入る。

コンバージョン

トライ後に与えられる追加得点の機会。トライした地点を通るタッチラインと平行な線上からゴールキックを狙う。Hポールのクロスバーの上、かつゴールポストの間をボールが通過すれば成功となり、2点が追加される。

ペナルティゴール

ペナルティキックを獲得した地点から自陣側のタッチラインと平行な線上からゴールキックを狙い、Hポールのクロスバーの上、かつゴールポストの間を通過すれば成功。3点を獲得する。

コーチ
からの
アドバイス

ラグビーはトライを取り合うスポーツです。トライを取った喜びは特別ですし、ぜひ多くの選手にその喜びを経験してほしいと思います。得点方法がたくさんあるという点も、ラグビーのおもしろさです。

ドロップゴール

プレー中にドロップキック（ボールをいったん地面にバウンドさせて蹴るキック）でゴールを狙い、Hポールのクロスバーの上、かつゴールポストの間を通過すれば成功。3点を獲得する。

ワンランクアップ

点差や残り時間でプレー選択が変わる

得点方法が複数あることは、ラグビーの醍醐味のひとつ。点差や残り時間によって、プレー選択の判断が変わってくる。そこまで理解しながらプレーできるようになると、ラグビーの楽しみ方がさらに広がる。

03

ラグビーの主なルール（反則）

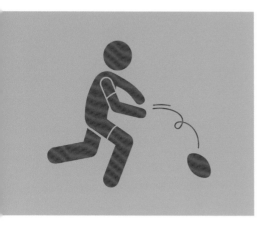

ノックオン

ボールを前に落としてしまうこと。軽い反則で相手ボールのスクラムになる。

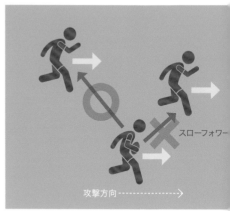

スローフォワード

ボールを前にパスすること。軽い反則で相手ボールのスクラムになる。

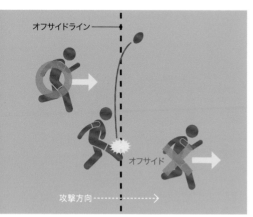

オフサイド

プレーしてはいけない場所（主にボールより前の位置）からプレーに加わること。重い反則で相手にペナルティキックが与えられる。

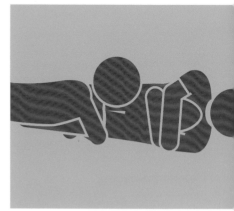

ノットリリースザボール

タックルされた選手がボールを離さないこと。重い反則で、相手にペナルティキックが与えられる。

コーチ
からの
アドバイス

ルールとは、みんなでゲームを楽しむために決めた約束事です。また反則をすると、チームがどんどん不利な状況に追い込まれていきます。不要な反則をしないよう、しっかりとルールを理解してプレーすることが大切です。

ノットロールアウェイ

タックルした選手、またはタックルされた選手が、ボールから離れないこと。重い反則で相手にペナルティキックが与えられる。

不正なプレー

危険なタックルや危険なプレー、相手を故意に妨害するプレー、スポーツマンシップに反するプレーはすべて重い反則になり、相手にペナルティキックが与えられる。

ワンランクアップ

反則により罰も変わる

反則には軽微な反則、中程度の反則、重い反則があり、それぞれ相手にスクラム、フリーキック（FK）、ペナルティキック（PK）が与えられる。また不正なプレーに対しては、程度によってイエローカード（一時退出）やレッドカード（退場）が出される場合もある。

04
ラグビーのポジション 〈フォワード／FW〉

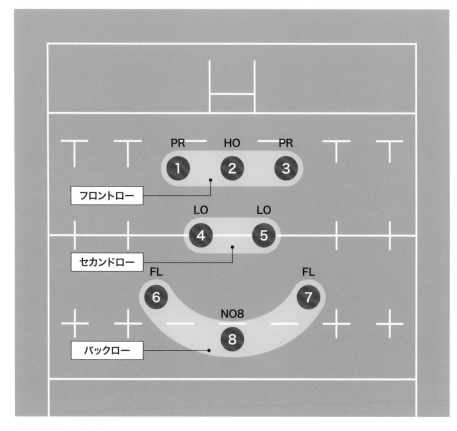

15人制のポジション

15人制ラグビーのポジションは、1番から8番までのフォワード（FW）と、9番から15番までのバックス（BK）の2つに大きく分けられる。フォワードの主な役割はスクラムやラインアウト、密集戦でボールを獲得すること。バックスの主な役割は、フォワードが獲得したボールをパスやラン、キックで攻撃につなげていくことだ。さらにポジションの位置によって、FWはフロントロー、セカンドロー、バックローに、BKはハーフバック、スリークォーターバック、フルバックに分類される。

コーチからのアドバイス

ラグビーにはいろいろなポジションがあり、特定の役割を求められる専門職が多い点が特徴といえます。そのぶんいろいろなタイプの選手に活躍できる場があり、自分に任せられた役割を果たすことでチームに貢献できるのが、ラグビーのよさです。

ポジション紹介（丸数字は背番号）

プロップ（PR／❶、❸）

大きな身体の縁の下の力持ち。スクラムを最前列で支える。

- -

フッカー（HO／❷）

スクラムに投入されたボールを足で味方側へかき入れる。
ラインアウトの投入役を務めることも多い。

- -

ロック（LO／❹、❺）

スクラムを押し、ラインアウトでジャンパーを務め、密集の核にもなる巨漢。

- -

フランカー（FL／❻、❼）

豊富な運動量で攻守に動き回り、ボールに絡む。ハードタックラーが多い。

- -

ナンバーエイト（NO8／❽）

万能選手。強靭な身体と多彩なスキル、ゲームセンスが求められる。

- -

05 ラグビーのポジション 〈バックス／BK〉

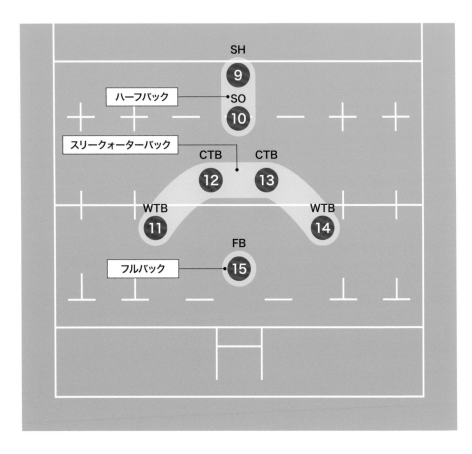

コーチ からの アドバイス

ラグビーでは大きく、強く、スピードがあって、上手い選手が理想ですが、誰もがそうなれるわけではありません。逆に、何かひとつ独自の強みを持っていれば、それが大きな武器になります。自分なりの強みを生かせる場所を見つけてください。

ポジション紹介（丸数字は背番号）

スクラムハーフ（SH／❾）

FWとBKのつなぎ役。すばやく動き回り、巧みにパスを放る。

スタンドオフ（SO／❿）

司令塔。パス、キック、ランを駆使してゲームを組み立てる。

センター（CTB／⓬、⓭）

パス、ラン、タックルと多くの仕事を担うBKの中心的存在。

ウイング（WTB／⓫、⓮）

攻撃ラインの外側でボールを受けてトライを狙う俊足ランナー。

フルバック（FB／⓯）

最後の砦と呼ばれる防御の要。攻撃時のライン参加も見せ場。

ワンランクアップ

年代によって競技人数が変わる

現在、日本ラグビーフットボール協会が制定するルールでは、1チームの競技人数は次のように定められている。
- 8歳以下＝5人（FW1人、BK4人）
- 10歳以下＝7人（FW3人、BK4人）
- 12歳以下＝9人（FW3人、BK6人）
- 中学生＝12人（FW5人、BK7人）
- 高校生以上＝15人（FW8人、BK7人）

06

ラグビーのグラウンド

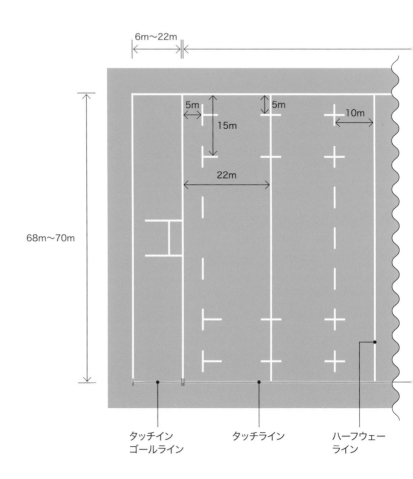

タッチイン
ゴールライン

タッチライン

ハーフウェー
ライン

ラグビーのグラウンド

ラグビーのグラウンドは、中学生以上の場合は縦が94〜100メートル、横が68〜70メートルと決まっている。また小学生の場合は低学年、中学年、高学年の3つのカテゴリーごとに、グラウンドの大きさが異なる。

コーチ
からの
アドバイス

ラグビーのグラウンドに引かれたラインにはさまざまな意味があり、プレーの基準になります。それを意識しながらプレーできるようになると、ラグビーが上手になって、ゲームがよりおもしろくなります。

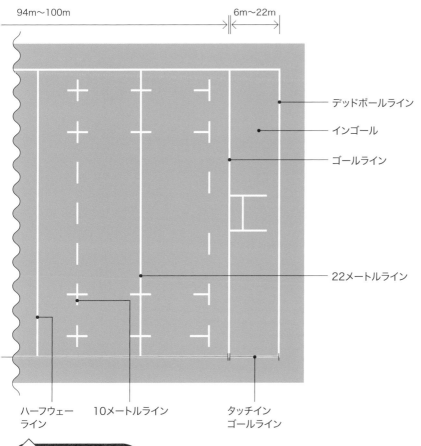

94m〜100m

6m〜22m

デッドボールライン

インゴール

ゴールライン

22メートルライン

ハーフウェー
ライン

10メートルライン

タッチイン
ゴールライン

▲ **ワンランクアップ**

ラインの役割を意識しよう

ラグビーのグラウンドにはさまざまなラインがあり、競技を進める際の基準となる。たとえば自陣22メートルラインの内側では、相手のキックボールをダイレクトでキャッチする際にマークできたり（FKを獲得）、直接タッチラインの外側に蹴り出したりできるなど、プレーを判断するうえで大切な意味がたくさんある。こうしたラインの意味を認識してプレーできるようになると、ラグビーが一段とおもしろくなり、上達も早くなる。

動きづくりと身体づくり

全身を使ってプレーするラグビーでは、多様な動きが求められる。
ぶつかり合うための身体づくりも必要不可欠だ。

01 体幹トレーニング

下向き

下向きの姿勢で、両腕（肘から拳まで）とつま先で支えながらお腹を浮かせる。頭からかかとまで身体が一直線になるよう意識。

①

②

横向き

横向きの姿勢で、下側の腕（肘から拳まで）と足部で支えながら、頭から足までが一直線になるよう身体を浮かせ、上側の腕を上げる。左右行う。

✕ これはNG

正しい姿勢で行う

腰が曲がっていたり、腰が上がっていなかったり、しっかり身体が倒れていなかったりするのはNG。楽をせず正しい姿勢で行うこと。

コーチ
からの
アドバイス

身体の軸がしっかりしないと、ステップを踏むにしても、コンタクトするにしても、グラグラします。それでは弱い体勢になるので、パスをした後のサポートも遅れる。楽をしようとして身体が曲がると意味がないので、正しい姿勢で行いましょう。

仰向け

仰向けで膝を90度曲げ、肩の背中側と足で支えながら、肩から膝までが一直線になるよう身体を浮かせる。

バランス

片足立ちになり、両腕を前、逆足を後ろにして股関節を曲げて身体を真横になるよう倒す。手から上げた足の先までが一直線になるのが理想。

 動きのコツ

身体の軸を意識!

体幹トレーニングは身体の軸を意識することが大事。どのメニューでも軸を一直線に維持しよう。

股関節のトレーニング①

横

①

②

③

横から見た形

パートナーと向き合う形で横に並び、お互い内側の手で肩をつかんで外側の足で片足立ちになる。そこから浮かせた足を前後に振り、股関節を広げる→閉じるという運動を繰り返す。左右行う。

コーチ
からの
アドバイス

股関節の可動域を広げることは、速く走る上での大事な要素に
なります。正しく、大きく動かして可動域を広げ、スピードアッ
プにつなげましょう。

正面

① ② ③

前から見た形

足が横方向に開いたり閉じたりせず、股関節を動かしてまっすぐ前後に足
を振る。

 動きのコツ

上半身はまっすぐを維持

足を動かす際もパートナー同士で上半身がまっすぐ正対
するよう姿勢を維持するのが理想。足の動きにつられて
身体が開いたり、前後に倒れたりしないように注意。

03

股関節のトレーニング②

足を横に上げる→前に閉じて歩く

両腕を横に上げた状態で片足を横に開いて上げ、そのまま閉じるように前
へ持ってきて、地面につく。一連の流れで歩くように左右交互に行う。

股関節を大きく動かすことがポイントです。身体の軸がぐらつかないようバランスをとりながら、股関節を意識してしっかりと足を動かしましょう。また、上半身はできるだけ正面を向けたまま、股関節を使って足を動かすことも大切です。

これはNG

つま先が下を向く、体が傾く

上げる足のつま先が下を向くのは×。足を上げた時、身体が傾くのもよくない。

ねらい ▶ 力を発揮できる姿勢を身につける

パワーポジション

高い姿勢　　　　　　　　　**中間の姿勢**

肩と膝、拇子球（足の裏の親指のつけ根にあるふくらみの部分）の位置が一直線上にある状態が、もっとも力を発揮しやすい。これをパワーポジションという。

✕ これはNG

膝が前に出る、のけ反る

低い姿勢になる時にありがちなのは、膝が前へ出てしまうこと。また高くなっていく時にのけ反るように上半身が後ろに倒れることも多い。パワーポジションを崩さないよう、しっかりとバランスをとろう。

コーチ
からの
アドバイス

重量挙げでは、どの選手も必ずこの姿勢をとります。つまり、これが一番力を発揮できる姿勢です。構えの時だけよくても、動く時に崩れると、出遅れて強い姿勢でのコンタクトができません。姿勢を維持したまま動けることがとても大事です。

低い姿勢

肩幅程度のスタンスで、高い姿勢、中間の姿勢、低い姿勢と変化し、いずれの時も3点が一直線上になるよう意識して姿勢をとる。

 動きのコツ

股関節をたたむ

低くなる時にもっとも曲がるのは、実は膝ではなく股関節部分。膝だけで低くなるのでなく、股関節をしっかりたたむことを意識しよう。

片足もも上げ

① ② ③

片足もも上げでリズムよく走る

片足（写真の場合は右）だけもも上げしながら前へ走る練習。ポイントを
意識しながら、リズムよく動けるようになろう。写真③のように、身体よ
り前で膝が交差するのが理想。

コーチ
からの
アドバイス

ランニング動作で大事になるのは、膝が交差する位置です。この位置が後ろになると、足を引きずるような走りになって力のロスが増えてしまいます。片足もも上げでは身体の前で膝が交差するので、自然といい動きが身につきます。

④　⑤　⑥

逆足を前へ振り出す

もも上げしない逆足（写真の場合は左足）を、着地した後、前へ振り出すようにすると、足が後ろに残らずきれいなフォームで動けるようになる。

✕ これはNG

足が後ろに残る

膝が身体の後ろで交差するのはNG。また、着地した足が後ろに残らないように（ひきずるような形にならないように）意識しよう。

06

もも上げ

❶　　　　　　　❷　　　　　　　❸

正しい姿勢でもも上げする

膝を引き上げるように両足を交互にもも上げしながら前へ進む。もも上げは足が速くなる上でとても重要な練習。正しい姿勢ですばやく足を入れ替えながら前進しよう。

もも上げのポイントは、足がしっかりと上がることです。ただし、足を上げることだけを意識しすぎると、姿勢が崩れやすくなります。上半身をまっすぐに維持したまま、足を引き上げることを意識してください。

④　　　　　　　　　⑤

✕ これはNG

上半身を反る、背中が曲がる

足を上げることばかり考えすぎると、上半身が後ろに倒れやすい。軽く前傾するくらいの姿勢を維持しよう。膝を引きつけようとして背中が曲がるのも✕。

07

ねらい ▶ 重心を前に傾けながら走る

ほうきラン

❶   ❷

手のひらのほうきを倒さないように走る

ほうきを手のひらに乗せ、それを倒さないよう走る。遊びの感覚でスピードアップを図るメニュー。ほうきは短めで先がある程度大きいものが扱いやすい。写真のような棒に近いものは倒れやすく、難度が高い。

走る時は上半身を完全には起こさず、重心を前に傾ける意識を持ちましょう。ほうきの角度を背中の角度と同じくらいにやや前傾させるのが、手のひらに乗せて上手く走るためのコツ。身体を前に倒す意識をつける点で効果的なメニューです。

③　　　　　④

✖ これはNG

上半身が前傾しすぎ

棒を前傾させすぎると当然ながら倒れる。「前にいこう」という意識が強すぎると、上半身が前傾しすぎてバランスが崩れる。適度な前傾角度が大事。その感覚を身につけよう。

四角形ケンケン

最初は小さい動きから

片足立ち（ケンケン）の状態で前後左右に四角形を描くように動くことで、捻挫を予防する練習。最初は小さい幅で動く。片足20秒など時間を決めて左右交互に行う。

コーチからのアドバイス

ラグビーではステップを切った瞬間や、ジャンプして着地する時など、片足で地面に足をついた際に捻挫するケースが多いです。片足で動くことを通して、捻挫を予防しましょう。片足で大きく動くことで、足の筋力を高める練習にもなります。

大きな動き

次に大きく動く

片足での動きに慣れてきたら、動く幅を大きくする。両足をつかないよう、身体のバランスを保つことを意識する。

09

ねらい ▶ 捻挫や肉離れを予防する

ケンケンストレッチ

足を前

足を前に上げて動く

2人一組で行う。練習者は片足を上げてケンケンになり、パートナーは上げている側の足を持つ。その状態でパートナーが押したり、引いたり、横に動かしたりし、それに合わせて練習者も動く。

コーチ
からの
アドバイス

片足立ちで圧力を受けながら、いろんな方向に動くことで捻挫を予防します。足を前に上げると太ももの裏、後ろに上げると太ももの前のストレッチにもなります。激しく動かすとケガにつながるので、パートナーは適度な強度で動かしましょう。

足を後ろに上げて動く

足を前に上げる形と、後ろに上げる形の2パターンで行う。

足を後ろ

① ② ③

こんなイメージ

不意の圧力への
対応力を高める

単に自分の感覚でケンケンするのではなく、パートナーから押されることで、不意に圧力を受けた時に起こる捻挫の予防になる。

10

両足ジャンプ

両足での着地

両足ジャンプ→両足着地

まずは両足をそろえてジャンプし、両足で着地するパターン。着地する際はピタリと一発で止まるのが理想。

ワンランクアップ

目線は常に前へ

ラグビーでは前を見ながらプレーすることが大事。着地の際は地面が気になるが、できるだけ目線を下に向けないようにしよう。

コーチ
からの
アドバイス

体操競技の着地のように、ピタッと止まるのが理想です。体幹を固定し、関節をクッションにして衝撃を吸収するイメージで、バランスをとってしっかり止まれるようになりましょう。

片足での着地

① ② ③ ④

両足ジャンプ→片足着地

次に両足でジャンプし、片足で着地する。着地の際に片足で支えるため、両足着地に比べてバランスがとりにくい。ピタリと止まることを目指そう。

 これはNG

着地した後に動いてしまう

着地した後に身体がぐらついたり、前にトントンと動いたりするのは×。しっかりと止められるように意識しよう。

ねらい ▶ 力強い走り方を身につける

ガツガツラン

横

横から見た形

相手のタックルを振りほどきながら前に出るような走りのイメージ練習。
腕を大きく振り、足で地面を踏みしめるように力強く走る。

コーチからのアドバイス

ラグビー特有の相手と接触しながら前に出る走り方を身につける練習です。力強い走りを意識するだけでも、実際の試合で当たられても簡単には倒れなくなります。頭の中で「ガツガツガツガツ」とイメージしながら取り組んでみてください。

正面

① ② ③ ④

前から見た形

実際にタックルされるわけではないので、頭の中でイメージすることが大事。
当たられても倒れないという意識を持ち、体幹を固めて、力強い動きで走ろう。

こんなイメージ

重いギアで坂道を上がる

動きとしては、自転車のもっとも重いギアで坂道をガムシャラにこいで上がるイメージを持つとよい。一歩ずつ強い力を込めて、地面を踏みしめるように走ろう。

12

N字ラン①

① 前へダッシュ

マーカーを5メートル四方に置き、コーナーからスタート。N字を描くように前→斜め後→前とコーナーを回って走る。

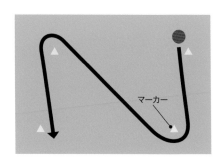

マーカー

⬆ ワンランクアップ

全力で走る距離を長くする

コーナーをスムーズに回るためには早めに減速したほうが楽だが、それではコーナーへの到達が遅くなる。ギリギリまで減速せず、全力で走る距離をできるだけ長くし、急停止してすかさず外側の肩を内に入れ、鋭くターンすることを目指そう。

ラグビーは、全力のダッシュと急激な減速、方向転換を繰り返す競技です。そうした動きをイメージした練習です。上手な選手はギリギリまで全力で走って急停止し、鋭くターンして、そこからまた急加速できます。それを意識して取り組みましょう。

2 コーナーを回って斜め後ろへ

3 さらにコーナーを回って前へ

これはNG

コーナーでふくらんでしまう

とくに3つ目のマーカーを回る際、遠心力でコースがふくらみやすい。これでは距離のロスが出てしまう。できるだけふくらまないよう、4つ目のマーカーの内側に向かって走るようにしよう。

13

N字ラン②

コーチ
からの
アドバイス

競争の要素が入ることで楽しんで取り組めます。後ろから追い
かけられることで、前の選手はプレッシャーがかかります。そ
の中で焦らず、N字ラン①でやった動きを正確に行い、すばや
く鋭く走り切れるようになりましょう。

N字ランで
追いかけっこ

N字ラン①と同じコートを使っ
て、2人で行う練習。前の練
習者は通常の体勢、後ろの練
習者は地面に伏せた状態から、
コーチの合図でスタート。N
字ランで追いかけっこする。

❸

❹

これはNG

プレッシャーで動きがおろそかに

「追いかけられている」というプレッシャーがかかると、
焦りでつい正確な動きがおろそかになりがち。N字ラン①
のポイントを押さえながら走ることを意識する。

14

ねらい ▶ 急停止と方向転換、次への意識を高める

ダッシュ→サイドステップ

ワンランクアップ

すぐに次の動作へ!

ダッシュ→急停止した後、そこで気を抜くのではなく、すぐ低い姿勢に。そのまま次の動作(サイドステップ)に移るところまで意識しよう。

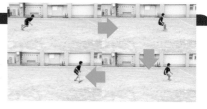

コーチからのアドバイス

N字ランと同じく早いタイミングで減速せず、ギリギリまで全力で走りましょう。マーカーを越えてはならないので、自分のスピードと急停止できる距離を考え、できるだけマーカーに近いところで急停止するようにダッシュの距離を伸ばしましょう。

③

④

ダッシュ→急停止し、次の動作に移る

5メートル四方にマーカーを置き、コーナーからスタート。前にダッシュ→マーカーの手前で急停止→サイドステップで横のマーカーまで走る。左右行う。

動きのコツ

自分の止まれる距離を認識する

全力でダッシュすることだけ考えると、マーカーをオーバーしてしまう。どのタイミングならギリギリで止まれるかを意識しながら行おう。

15 鉄棒ぶらさがり（片手で交互）

① 両手でぶらさがる

逆手の持ち方で、両手で鉄棒にぶらさがる。

② 片手でぶら下がる

片方の手でギュッと鉄棒を握り、反対の手を離して片手でぶらさがる。

ワンランクアップ

まずは逆手で

はじめのうちは逆手のほうがやりやすい。逆手でできるようになったら、持ち手を順手にしてチャレンジしてみよう。

コーチ からの アドバイス

鉄棒を力強く "握る"感覚をつかむには、離す→握るという動作を何回も繰り返すことがおすすめ。一度しっかり手を離して、ギュッと"握る"ことを意識しましょう。これがリズムよくできれば、次のステップの懸垂もできるようになります。

③ 手を戻して両手に

離していた手を戻して、ふたたび両手ぶらさがりの状態に。

④ 逆の手で片手ぶらさがり

先ほどとは逆の手を離して片手でぶらさがる。これを交互に繰り返す。

 動きのコツ

サポートについてもらう

一人でやるのが難しい場合は、このようにサポートについてもらい、負荷が軽い状態で鉄棒を"握る"感覚を身につけてから徐々に一人でできるようにしていこう。

16

懸垂

サポートつき

1 サポートつき

サポートをつけたパターンで懸垂の感覚を身につける。

2 腕で持ち上げる

逆手で鉄棒をギュッと握り、身体を持ち上げていく。

3 上がった状態

アゴが鉄棒の上まで上がったら1回。

ワンランクアップ

リフトの練習にも

サポートにつくパートナーは、動きに合わせて持ち上げてあげることで、ラインアウトのリフトの練習にもなる。

コーチからのアドバイス

ラグビーでは相手にタックルしたり、味方にバインドしたり、相手のボールを奪う時に、腕でグッと引きつける力がとても重要です。そのトレーニングとして、自重でできる懸垂はおすすめです。逆手で行うと、より引きつける力を意識できます。

サポートなし

1 サポートなし

できるようになったら、サポートなしでやってみよう。

2 引き上げ

腕の力で身体を引き上げる。

3 フィニッシュ

アゴがしっかり鉄棒の上までくるように上げる。

トレーニングの考え方

　トレーニングのポイントは、まず「安全であること」、次に「効果があること」、そして「楽しいこと」です。とくにラグビーをはじめたばかりの人は、この3つの原則をおさえることが重要になります。

　中でも小中学生世代で何より優先すべきは、安全です。その上で効果を求めていくわけですが、効果はいつ表れるかわかりません。すぐに効果が出ないのであれば、続けるためにはできるだけ楽しいほうがいい。ただ、ほとんどのトレーニングは、どちらかといえば楽しくないものです。

　では、少しでも楽しくトレーニングをするためには、どうすればいいでしょうか。

　1つのコツは、練習メニューがそのままトレーニングになる、ということです。スタミナをつけるために、長い距離を延々と走るのは辛いですよね。であれば、自然とたくさん走るような練習メニューを考えたり、練習中の"待ち"の時間をできるだけ減らしたり——といった工夫をすればいいわけです。

　また、できるだけ早く、明確な効果を得るためには、トレーニングの際に1つひとつの動きを丁寧に行うことも大切です。別に大掛かりな器具を使ったり、難度の高いメニューをやったりする必要はありません。

　トレーニングは発達段階に合わせて行うことが大事であり、小中学生世代は多様な動きを経験したり、スペースを見つけたりといった能力が伸びる年代になります。負荷の高い筋力トレーニングは、身体ができてくる高校生になってからでも十分間に合います。

ハンドリング

ラグビー特有の楕円球を自在に扱うためのスキルを身につけよう。
華麗なパス回しも、こうした基礎からはじまる。

キャッチング

手の形

自分に向かって飛んでくるボールをしっかりつかめるよう、指先から手のひらでボールの形をつくるように構える。

コーチからのアドバイス

「いいパスを放るにはいいキャッチから」というほどキャッチングは大事。構えてパスを投げる選手にターゲットを示し、早くボールをつかむと、次の動きに余裕が生まれます。キャッチする際はボールを受けず、ギュッと握るようにつかみましょう。

キャッチングの流れ

ラグビーのキャッチングのポイントは、ハンズアップ（手を上げて構える）、アーリーキャッチ（パスがくる方向に手を出す）の2点。自分からつかみにいくイメージで、できるだけ早くキャッチするよう癖づけしよう。

これはNG

指先が外を向く、手のひらが正面を向く

指先が外を向いて手が広がっていると、ボールが抜けやすくなる。また、手のひらを正面に向ける形も、土手の部分でボールを弾きやすくなるためNGだ。

02

イスに座ってパス

手渡しでボールに慣れる

3人がイスに座って横に並び、手渡しでパスをつなぐ。はじめて触れる楕円形のラグビーボールでいきなりパス練習をするとなかなか上手くいかない。

こんなイメージ

"投げる"ではなく"渡す"

初めてボールに触れる人がパスをすると、腕全体を使えず手だけで放る"手投げ"になりやすい。これではパスの軌道が安定しないので、最初の段階では相手に"渡す"ことから入るといい。

距離が広がるとパスになり、立って行うと下半身の動きが影響するので、座ってラグビーボールをつかむ、渡す感覚をつかみましょう。キャッチングの手の形で自分からボールをつかみ、丁寧に手渡しで次の選手へ渡すことを意識してください。

その結果、胸でキャッチしたり、手だけで放る悪い癖がついたりしがち。
まずはこの練習で、ボールを"つかむ"、"渡す"感覚を養おう。

動きのコツ

手の形を意識！

ただボールを受け渡しするのではなく、前項で紹介した「ハンズアップ」「アーリーキャッチ」「手の形」の3つのポイントを意識して行おう。

03

キャッチ＆パス

① ハンズアップ、アーリーキャッチ

3人一組で行うキャッチとパスの練習。端の選手からのパスをハンズアップ、アーリーキャッチでつかみ、一連の流れでパス。パスをした後はターゲットに向かってしっかりとフォロースルーをする。左右往復で行う。

内側の腕（ガイディングアーム）が重要

内側の腕（写真のように右に投げる時は右腕）を投げる方向へ伸ばす。パスでは外側の腕を気にしがちだが、ボールをガイドする内側の腕（ガイディングアーム）の動きを大切にすると、いいパスを放れるようになる。

しっかりとフォロースルーをすることで球筋が安定します。ターゲットに向かってまっすぐ、投げる先へフォロースルーすることが大事。この手が流れると、ボールも流れやすくなります。

2 一連の流れでパス動作へ

3 パス、フォロースルー

✖ これはNG

フォロースルーが流れる

フォロースルーが流れると、ボールもその方向へ流れやすくなる。ガイディングアームをターゲットに向けることで、これを防ぐことができる。

04

ミニボールで
キャッチ＆パス

小さいボールを使ってキャッチ、パス

前項で解説したキャッチ＆パスを、通常のボールより小さいミニボールを使って行う。
ハンズアップ、アーリーキャッチ、手の形、フォロースルーといったポイントは共通。
それらを意識しながら、丁寧に行おう。

コーチ
からの
アドバイス

ボールが小さいので、ボールを"握る"感覚がよりつかみやすくなります。ミニボールがなければ、テニスボールなどでもOK。ボールを"握る"感覚を身につければ、キャッチングが大幅に上達します。パスを放る際はフォロースルーを忘れないように。

 動きのコツ

ガイディングアームで握る

ガイディングアーム（パスがくる方向と逆側の手。写真のように左からパスがくる場合は右手）で握る。反対側の手は添える程度の感覚でいい。キャッチングが安定し、次のパスも放りやすくなる。

05

バスケットハンドリング

8の字

足を左右に開き、8の字を描くように足の周りでボールを回す。

前後キャッチ（手）

足を左右に開き、手を前後交互に入れ替えながら股の下でキャッチする。

 動きの**コツ**

ここでも "握る" 感覚を意識

パスの際はもちろん、ラインアウトやハイボールのキャッチングなどでも、こうした細かいハンドリングスキル、指先の感覚が役に立つ場面は多い。ここでもキュッとボールを"握る"感覚を意識すると、上手にボールを扱えるようになる。

コーチ
からの
アドバイス

バスケのハンドリング練習をラグビーに応用した練習。ボール
をつかむ、離すといった指先の感覚を養います。最初は難しい
ですが、できるようになると周囲から褒められて、楽しくなりま
す。サッカーのリフティングのようにアレンジするのもいいです。

前後キャッチ（足）
前後に開いた足を左右交互に入れ替えながら股の下でキャッチする。

ワンランクアップ

歩きながら股下で受け渡し

上手にできるようになったら、前に歩きながら股下で
受け渡しするなど、動きを加えてアレンジしていこう。
工夫次第でいくらでも難度を上げることができる。

バレーボールハンドリング

① ② ③

ラグビーボールをトス

バレーボールのトスの要領で、ラグビーボールを上にトスする。

 動きのコツ

ボールの下に入る

ボールにタッチする際の位置が大きなポイント。おでこで受けるくらいの位置がもっともボールを扱いやすい。このポジションをイメージして、しっかりボールの下に入るようにしよう。

コーチ
からの
アドバイス

マイボールキックオフで味方が蹴ったボールを追いかけてジャンピングキャッチしたり、味方側へトスしたりして再確保できれば、大きなチャンスになります。そうしたことを意識して練習しましょう。

④　⑤

柔らかくタッチ

落ちてくるボールを完全にキャッチするのではなく、指先を柔らかく使ってボールタッチし、連続で正確にトスを繰り返す。

✕ これはNG

前すぎるor後ろすぎる

ボールタッチの位置が前すぎても、後ろすぎてもトスがしにくい。落ちてくるボールと自分の位置を把握してすばやく動くことが大事だ。

07

けん玉パス

① 3人一組に並ぶ

3人一組で横に並び、ボール2つを使用。真ん中の選手と、両サイドの片方の選手がそれぞれ1球ずつボールを持つ。

③ ボールを次へパスし、自分のボールをキャッチする

キャッチしたボールを逆サイドの選手へパス。さらに浮かせた自分のボールをキャッチする。これを往復で繰り返す。

 動きのコツ

アーリーキャッチ＆ガイディングアーム

アーリーキャッチでいち早くパスをキャッチすると、動作に余裕が持てる。また片手で自分のボールをキャッチし、次へのパスはガイディングアームだけという状態になりやすく、ガイディングアームの使い方も自然と高まる。

遊びの要素を含んだハンドリング練習です。大切なポイントは、真ん中の練習者が自分のボールを高く上げすぎないこと。これでは余裕を持ってキャッチ→パスできるので、練習になりません。できるだけ低い位置にボールを浮かせましょう。

2 自分のボールを浮かせて、パスをキャッチ

ボールを持つサイドの選手は真ん中へパス、真ん中の選手は自分のボールを上へ浮かせて、相手のパスをキャッチする。

こんなイメージ

高く上げすぎている

自分のボールを高く上げすぎると、練習は簡単にできるが、正面でキャッチしても間に合うため、ハンズアップやアーリーキャッチが身につかない。できるだけ低く浮かせることで、自然とアーリーキャッチするようになる。

08

ねらい ▶ こぼれ球への反応を高める

壁当て

跳ね返ったボール
に向かって走る

壁当て→キャッチを繰り返す

コンクリートの壁などにボールを投げ、跳ね返ってきたボールをキャッチ。
これを繰り返す。

 動きのコツ

低い姿勢で動く

跳ね返ったボールをひろいにいく時は、低い姿勢
で動くことがポイント。腰高の姿勢だとイレギュ
ラーなボールに反応できず、ファンブルしやすい。

テニスや野球などでよくやる、壁当てからヒントを得た練習です。個人練習が少ないラグビーですが、下のボールをひろうトレーニングになり、どこに弾むかわからないので、実際の試合でこぼれ球などを反応よくひろいにいく動きにつながります。

2人バージョン

次に2人で行うパターン。一方が壁にボールを投げ、もう一方が跳ね返ってきたボールをキャッチする。

▲ ワンランクアップ

体力向上にも

とくに2人でやると、スピードが上がるため見た目以上にきつい練習になる。30秒など時間を決めて、フィットネス練習として取り入れるのもいい。

09

バウンドパス

長いスピンパスを投げる

2人一組、15メートルほどの間隔で立ち、前へ動きながらワンバウンドで
レシーバーに届くイメージで長いスピンパスを投げる。

こんなイメージ

バウンドさせて届かせる

スピンパスならバウンドしてもパスの軌道はさほど変わらない。
遠い位置へのパスでも無理にノーバウンドで届かせようとするの
ではなく、バウンドさせて届かせるイメージで投げてみよう。

腕力のない小中学生が長いパスを投げようとすると、力んであらぬ方向へ飛んでいきがちです。でもスピンパスなら、ワンバウンドさせても意外にまっすぐ弾んでキャッチできるもの。その感覚を身につけましょう。

ワンバウンドでキャッチ

レシーバーはバウンドしたボールに対応できるように構え、弾み方に合わせて動き、しっかりとキャッチする。

 動きのコツ

楕円球の弾み方に慣れる

楕円球はバウンド後不規則に弾むものだが、何度もバウンドボールを受けていると、大体どちらに弾むかが予想できるようになる。とくに人工芝グラウンドは軌道が変わりにくいので、こうした練習をやっておく価値がある。

10

ハイボールキャッチ

1 ボールを高く投げる

4人がグリッドの各コーナーに立ち、一人がボールを上へ高く投げる。

2 落下点へ移動

キャッチする選手はすばやく落下点へ移動する。

3 ジャンプキャッチ

落ちてくるボールに合わせてジャンプしながらキャッチ。

 動きのコツ

半身で移動する

落下点まで移動する際、できるだけ半身で動くようにすると前後左右に対応しやすい。

ワンランクアップ

高い位置でハンズキャッチ

自分の頭より上でハンズキャッチできると、相手に競り勝ってボールを確保しやすい。

コーチからのアドバイス

まずはボールの軌道を予測し、落下点にしっかり入ることがポイントです。できるだけ高い位置でキャッチするのが理想ですが、最初のうちは腕と胸で包むようにキャッチすることからはじめるといいでしょう。

近くの選手へパス

4 次の選手がスタート

キャッチした選手は近くのコーナーの選手へパス。ボールを上げた選手が次のキャッチャーになってスタート。

5 ボールを高く投げる

ふたたびボールを高く投げる。

6 落下点に入りジャンプキャッチ

落下点に移動し、ジャンプしながらキャッチ。これを繰り返す。

ワンランクアップ

キックボールをとる

上手になってきたら手で投げるのではなく、キックで高いボールを蹴ってキャッチしてみよう。より実戦的になる。

11 ダウンボール＆ ピックアップ①

1 スタート

2人一組。10メートルの距離にマーカーを4つ、等間隔で並べる。

マーカー

2 ダウンボール

ボールを持った前の選手がマーカーの手前にボールを置く（ダウンボール）。

3 ピックアップ

後ろの選手がボールをひろい上げる（ピックアップ）。

 動きのコツ

すばやくサポートする

後ろの選手のサポートが遅れると、ボールが地面にある時間が長くなり、相手に奪われやすくなる。ボールが地面にある時間を短くするために早く動こう。

コーチからのアドバイス

本来ダウンボールは両手で正確に、ピックアップは相手に当たられても耐えられるようにパワーポジションで行いますが、この練習では片手でもOKです。ダウンボールした後、後ろの選手がいち早くピックアップすることを意識しましょう。

④ 前へ出る

ピックアップした選手が前へ出る。

⑤ ダウンボール

次のマーカーにダウンボール。

⑥ ピックアップ

後ろの選手がピックアップし、ふたたび前に出る。これを往復で繰り返す。

✕ これはNG

腰高の弱い姿勢

片手でさっとひろうのはOKだが、それができない人はしっかりと腰を落とし、強い姿勢でピックアップすること。腰高の弱い姿勢だと、相手に当たられた時に耐えられない。

12

ダウンボール＆ ピックアップ②

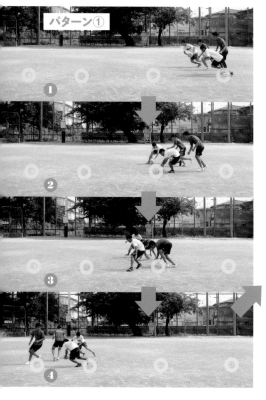

パターン①

パターン①競争

前項のダウンボール＆ピックアップ①を、2列
並べて2組で競争する。

ターンして戻る

端までいったら反転して、同じ動きで競争する。

動きのコツ

正確にボールを扱う

置いたボールが転がったり、ひろいそこねて落とし
たりすると大幅なタイムロスになる。競争のプレッ
シャーの中で正確にボールを扱うことを意識しよう。

コーチ
からの
アドバイス

2組で競争すると、すばやいダウンボール＆ピックアップをより意識するようになります。競争することでプレッシャーもかかりますし、ゲーム性が加わるので楽しく練習することにもつながります。

パターン②

①

②

パターン②マーカーの間隔をランダムに

マーカーの間隔が狭いところ、広いところを組み合わせてランダムにし、競争する。

ワンランクアップ

サポートの位置を工夫する

どの位置にサポートすれば、もっとも速くピックアップできるかを考えながらやってみよう。工夫次第でいろいろなやり方ができる。

13

ダウンボール＆ピックアップ③

1 2列でスタート

これまでのダウンボール＆ピックアップを4人一組で行う。2人ずつ2列になってスタート。

2 ダウンボール

ボールキャリアが最初のマーカーでダウンボール。

3 ピックアップ→パス

サポートプレーヤーがピックアップし、隣の列にパス。

4 カットイン or カットアウト

隣の列の前の選手はマーカーをディフェンダーに見立て、カットイン or カットアウトでかわしながらパスを受ける。

こんなイメージ

肩を大きく動かす

カットの際に動きに合わせて肩を大きく動かすと、自然と足もついてくる。これはカットイン（外→内）の例。

コーチからのアドバイス

カットイン、カットアウトの際は、動きに合わせて肩を大きく動かすことを意識しましょう。カットインなら外から内、カットアウトなら内から外へ肩を動かすことで、足も動くようになります。

5 ダウンボール

パスを受けた選手は次のマーカーでダウンボール。

6 ピックアップ→パス

サポートプレーヤーがピックアップし、隣の列にパス。

7 カットイン or カットアウト

同様にカットイン or カットアウトでマーカーをかわしながらパスを受ける。

8 繰り返す

ふたたびダウンボール→ピックアップし隣の列にパス。これを繰り返す。

動きのコツ

カットアウトはやや下がり気味に

カットアウトは、自分では真横に開いているつもりでも勢いで前に出てスローフォワードになりやすい。少し後方へ下がりながら開くイメージでやると、ちょうどいい深さになる。

ハンドリングの重要性

　ラグビーは、格闘技の要素とボールゲームの要素をあわせ持つ競技です。格闘技の要素だけで考えれば体格が大きくパワーのある選手が有利ですが、相手がいないスペースにボールを運べば、体格は関係ありません。ぶつかり合いでは勝てなくても、相手をある一か所に集め、人のいないスペースを攻めることで、トライをとれます。

　また、スペースへボールを運ぶ手段は、大きく分けて自分で持って走る『ラン』と、投げて動かす『パス』の2つがあります。この2つを比べると、自分も動かなければいけないランより、投げるパスのほうが、断然速くスペースへ動かせます。ただし、エラーが起こる確率は、ランよりもパスのほうが高くなる。それだけに、私は『パス』をとても大事なプレーだと考えています。

　どんな競技でもそうですが、全力でプレーするとどうしても視野が狭くなり、周りが見えなくなります。ボールを持った時に「パスもできる」という選択肢が自分の中にあれば、余裕を持っていろんな発想をしながらプレーできるようになります。逆に「自分はパスができない」と考えている選手は、せっかくスペースができていても、自分で持って突っ込む判断しかできません。

　とくに小中学生世代はハンドリングのスキルが伸びる時期ですから、フィジカルを鍛えてコンタクトを強化するよりも、パスに重点を置いて練習すべきだと感じます。今は体格差で負けてしまうような相手でも、その差は高校、大学と進むにつれて埋まっていきます。

ランプレー

ボールを持って自由に走れることは、ラグビー最大の醍醐味だ。
みずから抜きにいくことで、スペースを生み出すこともできる。

01 マーカーステップ

① ステップ1

ランダムにマーカーを置き、そこに足の位置を合わせてステップを踏んでいく。

② ステップ2

鋭く角度を変えながら次のマーカーへ。

　動きのコツ

さまざまな足の運びをやってみる

大きいステップ、小さいステップもあれば、交互に動くだけでなくランダムに動くこともある。さまざまな足の運びをやってフットワークを向上させよう。

　こんなイメージ

かわすイメージを持つ

ステップは発想力が大事。相手をかわすイメージを持って取り組んでみよう。

コーチ
からの
アドバイス

細かい足の運びを身につけることを目的とした練習です。ステップには「こうすれば抜ける」という決まりはないので、マーカーは自分で好きな位置に置き、いろんな動きをやって、フットワークを向上させましょう。

3 ステップ3

3つ目のマーカーでさらにカット。

4 フィニッシュ

体勢を立て直して走り抜ける。

ワンランクアップ

マーカーを増やす

最初はマーカー3つくらいからはじめ、慣れてきたら5つ、6つと増やしてみよう。

02

サポート1対1

① ディフェンダー　アタッカー　SH

②

⑧　⑦

1対1で抜きにいき、タッチされたらパス

SHからのパスをアタッカーが受け、1対1の状況でディフェンダーを抜く。SHはパ
ス後すぐフォローし、アタッカーがタッチされたらパスを受け次のアタッカーとなる。

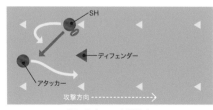

SH
ディフェンダー
アタッカー
攻撃方向 ------------▶

図 ポジションと動き方

ワンランクアップ

タッチ数を制限する

「タッチ3回以内にトライをとる」など
ルールを設定すると、より実戦的になる。

コーチ
からの
アドバイス

この練習のポイントは、"新しいスペース"を攻めていくこと。左のスペースを攻めてディフェンダーが寄れば、今度は右に新しいスペースができます。次々に生まれるスペースを攻める感覚を養いましょう。

タッチ→パス→1対1を連続で行う

次のアタッカーはスペースを攻め、ディフェンダーは戻りながら粘り強く守り続ける。
タッチされたらパスし、1対1を連続で行う。

 動きのコツ

ずらして、背中をとりにいく

まずはボールを持つアタッカーがしっかり抜きにいくこと。少しでもディフェンダーをずらすことで、パスをできるスペースが生まれる。次のアタッカーはディフェンダーの背中を狙ってサポートすると裏をとりやすい。

03

2対1

ディフェンダーが間に入った状態で攻める

アタッカー2人は両サイドに立ち、ディフェンダーがその間に入った状態でスタートする。ボールキャリアはフェイントをかけて自分で抜きにいってもOK。

これはNG

ボールキャリアが勝負しない

ダメなパターンはボールキャリアが勝負しないこと。ディフェンダーが余裕を持って一人で2名を守れるようになる。

コーチ
からの
アドバイス

数的優位な2対1でもディフェンダーに間に入られると、どうしていいかわからなくなり意外に抜けないものです。大切なのは、ボールキャリアが抜きにいくこと。それによってディフェンダーが引き寄せられ、次に攻めるスペースが生まれます。

パス、ステップで抜き切る

アタッカーはタッチされたらパスをすること。前項と同様にパスやステップでスペースを攻め、ゴール（トライ）を目指す。

こんなイメージ

判断に合わせてサポートする

ラグビーでは、ボールキャリアが判断し、周囲がそれに合わせてサポートすることが大切。この練習には、それを意識づける意味もある。

04

サポート3対1

攻撃側3人でスタート

サポート1対1と同じコートを使用し、アタック側は3人。10メートル毎に縦に4人並ぶディフェンダーを連続して抜いていく。

‼ 動きのコツ

三角形をつくる

ボールキャリアを先頭にサポートが両サイドにつく三角形のポジショニングが理想。パスで両サイドにボールが渡った後、ふたたび三角形をつくるよう考えて動こう。

両サイドにボールが渡ると、次のパスコースが一方向しかなくなります。できるだけ両サイドにパスができる形をつくり続けることを意識しましょう。

パスで連続して抜く

これまでは「タッチされたらパス」というルールだったが、この練習ではタッチされる前にパスすること。ディフェンダーは前後には動かず、横の動きだけで守る。

こんなイメージ

動きで相手を混乱させる

人間は動くものに注意を引き寄せられがち。空いたスペースに走り込むなど動きをつけて、相手を混乱させよう。

ワンランクアップ

サポートがくる時間をつくる

抜け出した後、スピードを緩めてサポートが追いつく時間をつくれるようになると、プレーの幅が広がる。

05

狭いスペースの4列パス

1 任意にパスを出す

4人が横一列に並び、コーチが任意にパスを出してスタート。

2 ランで前へ

ボールを受けた選手は相手に当たらないようにラン。

3 パスで前進

スペースへ走り込む味方にパス。

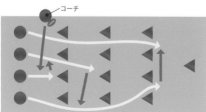

コーチ

図 ポジションと動き方

こんなイメージ

臨機に動いてつなぐ

最初にパスを受ける選手は決まってないため、まっすぐ走るだけではなく、コースを自在に変えながらつなごう。

狭いスペースを走りながらパスをつないで前進する練習です。サポートはどのコースに走ってもOK。写真のように人を立たせると、人の隙間のスペースを実感しやすいです。イメージできるようになれば、人の代わりにマーカーを並べてもいいでしょう。

4 臨機に動き
パスをつなぐ

パスを受けた選手がふたたび
パス。

5 スペースを
見る

相手に当たらないようにして
前進。

6 最後まで
抜き切る

最後の相手を抜き切るまで
ボールをつなぐ。

ワンランクアップ

ディフェンダーの向きを変える

ディフェンダーが体の向きを斜め右、斜め左と変えて、その背中に向かって走り込めるようになると、より実戦で役立つ、レベルの高い練習になる。列の前後の間隔を短くするほど難度も上がる。

06 クロス（基本形）

1 クロスする選手にパス

ボールキャリア（①）が斜め前のマーカーに向かって走り、②の選手が交差（クロス）してパスを受ける。

2 次のクロスへ

②はキャッチしたボールをすぐ③へパス。

8 クロスでパスを繰り返す

④→①→②→③の順で同様にクロスでつなぐ。この流れを繰り返す。

7 すぐ2ターン目スタート

今度は④が先頭になって2ターン目に入る。

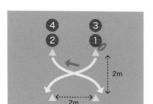

図 ポジションと動き方

動きのコツ

タメてスペースに走り込む

キャリアとレシーバーが同時にスタートするとタイミングが合わない。レシーバーはしっかりとタメて、キャリアがつくったスペースへ走り込むようにしよう。

ボールキャリアが外に走り相手ディフェンダーを引きつけ、空いたスペースへ次の選手が交差しつつパスを受けるのが、クロスの基本的な動き。ボールキャリアとレシーバーの走る角度は逆なので、相手が取りやすいパスのタイミングを意識しましょう。

③ 3人目がキャッチ

クロスに走り込む③がキャッチ。

④ さらに次のクロス

③はキャッチしたボールをすぐ④へパス。

⑥ 1ターン終了

④が次のマーカーに達したら1ターン終了。

⑤ 4人目がキャッチ

クロスに走り込む④がキャッチ。

ワンランクアップ

前→斜めへ

ボールキャリアが最初から斜めを向いて走ると、相手を引っ張れずスペースが生まれない。まっすぐ前を向いたところから斜めに引っ張ることを目指そう。

07

クロス（応用形）

横幅を広げてクロス

マーカーの横幅を4メートルに広げ、クロスでパスをつなぐ。基本形に比べクロスの角度が横長になるため、パスや走り込むタイミングを合わせるのが難しくなる。相手が取りやすいパス、タメて走り込むことを意識する。

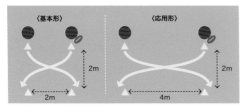

図 ポジションと動き方

〈基本形〉　　〈応用形〉

2m　　2m

2m　　4m

コーチからのアドバイス

クロスを縦長にしたり横長にしたり、走り込む角度を変えたりすることで、生まれるスペースや相手の引きつけ方が変わります。その違いを理解し、目的に応じてさまざまなクロスを使い分けることで、攻撃がより効果的になります。

パスの向きを変える

クロスの際のパスは、必ずしも内側である必要はない。写真のように外側で放ると、難度は高いが相手を見ながらプレーできるので、より相手を引きつけやすくなる。

こんなイメージ

はさみをイメージ

2人が交差する動きから、クロスは「シザース（はさみ）」とも呼ばれる。はさみが閉じたり開いたり、向きを変えたりすることで、相手の動きやスペースがどう変わるかをイメージしながら取り組んでみよう。

ラグビーに必要な "スピード"

　ラグビーでは、ただまっすぐ走るのではなく、トップスピードから急に減速したり、止まったところから急に加速したりと、スピードに変化をつけることが大事になります。また、ステップを踏む際の"間合い"も重要で、試合でよく抜ける選手は、「この間合いでステップを踏めばかわせる」という感覚を持っているものです。もちろん足は速いほうがいいのですが、単に足が速ければ活躍できるかといえば、そうでもない。この点は、ラグビーの醍醐味といえるでしょう。

　試合を見ていると、実際はさほど足が速くないのに、ゲームになったとたん別人のように速く見える、という選手が時々います。そうした選手は、"速く見せる"ためにさまざまな工夫をしています。たとえばグッとタメをつくってここというタイミングでスタートしたり、相手が前に出てきたところですれ違いにパスを受けたり、最初の動き出しが速かったり──。ここにはいろんな要素が絡んでくるので、みなさんも工夫してみてください。

　なお、ラグビーではゴールラインへまっすぐ走る『ストレートラン』が基本になりますが、ボールを持った選手が流れることで相手が引っ張られ、新しいスペースが生まれることもあります。また、ステップは横方向だけという決まりはありませんから、いったん下がって相手を惑わせて抜くのもOKです。

　先にも書きましたが、ラグビーは自由なスポーツです。大人の凝り固まった考え方で、子どもの豊かな発想を制限しないことも、大切だと思います。

コンタクトプレー

激しい当たりや相手を押し戻すタックルはラグビーの華だ。
安全で、かつ強いコンタクトの仕方を段階的に身につけていこう。

※千歳中学校はグラウンドが固くコンタクト練習を行うのが難しいため、初期段階では公共の
ビーチスポーツ施設を借りて、基本的なコンタクト練習を行っている。同じような環境の
チームは、海岸の砂浜を利用するなど工夫してみよう。［撮影場所：杉並区永福体育館］

ねらい ▶ 首回りの筋肉に刺激を入れる

首回りの
ウォーミングアップ

 前

パートナーに額のあたりを支えてもらい、身体を一直線に保ったまま前傾。

②横

次に横向きの姿勢で傾け、姿勢をキープ。

⚙ **こんなイメージ**

頭がぐらつかないように

相手に当たった時の衝撃に対し、頭がぐらつかないようにするためのメニュー。グッと力を入れて、首回りの筋肉を固めるイメージで行おう。

コーチ
からの
アドバイス

コンタクトプレーの際に重要な首回りのウォーミングアップお
よび強化のメニューです。コンタクト練習の前には必ずこのよ
うに首回りの筋肉に刺激を入れて、グッと力が入るよう準備を
しましょう。

③ 後ろ

今度は後頭部を支えてもらい、後ろ向きで傾
いて姿勢をキープする。

④ 上向き

仰向けになり、パートナーに額を押してもら
いながら、首〜頭を地面から浮かせる。

ワンランクアップ

首回りを強化

このほか、四つばいで上から頭をおさえてもらったり、
横向きで寝て上からおさえてもらうなど、さまざまなや
り方がある。安全のためにしっかり首回りを強化しよう。

コンタクトの基本姿勢

正面

前から見た形

二重あごをつくるようにあごをグッと引き、首回りの筋肉を収縮させて固める。視線は下から上目づかいで見るように。地面を見ると頭がさがって危険。

こんなイメージ

頭頸部を固め、強い姿勢をとる

重傷事故につながりやすい頭部から首をしっかりと固めつつ、もっとも強い力を発揮できるパワーポジションをとることがポイント。この2点をイメージしながら取り組もう。

コーチ
からの
アドバイス

相手に当たる際に頭がぐらつかないよう、二重あごをつくり首回りをすぼめるようにして固めます。姿勢の高さが変わっても、常にパワーポジションを維持できるようになりましょう。

横

横から見た形

肩と膝、拇子球が一直線上になるパワーポジションを意識する。背筋はできるだけまっすぐが理想。

03

肩当て

セット

相手にハンドダミーを持ってもらい、1～2メートルの距離で基本姿勢をとる。

❶

❷

❸

間合いを詰める

すり足で一歩ずつゆっくり間合いを詰めていく。

 動きのコツ

相手の足の間に踏み込む

ヒットする時、肩を合わせることを意識しすぎると、踏み込みが浅くなり前のめりになりやすい。相手の足の間にしっかり踏み込むことを意識しよう。

間合いを詰める時に姿勢が崩れやすいので、動きはゆっくりで いいので二重あごとパワーポジションを保つことを意識しま しょう。この当たり方が、タックルやボールを持って当たる時 の基本形になります。

ヒット

前足を踏み込むと同時にハンドダミーに肩を当て、ヒットする。

これはNG

踏み込みが浅い

踏み込みが浅いと身体が前のめり になり、強い力で当たれない。腰 高の姿勢も×。

タックルの姿勢

後ろ足は120度

前足は90度

腕で相手をバインドする

前項の肩当てからステップアップし、間合いを詰めて相手に当たる瞬間、腕で相手をバインド（腕を回してつかむ）する。この形がタックルの基本になる。

こんなイメージ

膝は前足90度、後ろ足120度

ヒット時の膝の角度は、陸上のクラウチングスタートと同じ前足90度、後ろ足120度が理想。膝が伸び切ると相手に力を伝え切れないので、この角度を意識してみよう。

コーチ からの アドバイス

タックルのバインドで大事なのは、ヒットする肩と逆側の腕（写真では左腕）。ヒットする側の腕は意識しやすいのですが、逆側の腕はおろそかになりがち。そこを意識すると、相手をしっかりとバインドできるようになります。

NGパターン

伸び切らない

後ろ足は伸び切らない

後ろ足が伸び切っている。この姿勢では足の力を十分発揮できず、強いタックルができない。

動きのコツ

パワーポジション＆踏み込み

ポイントは基本の肩当てと同じ。パワーポジションを保ち、相手と隙間が開かないよう足を踏み込んでヒットすることを意識しよう。

05

膝立ちタックル①

1 セット

タックラーは片膝立ち、相手は膝立ちになり、肩を当てバインドした状態でセット。サポート役がタックラーの後ろにつく。

軽く押す

バインドした腕を
引きつける

2 サポート役が
タックラーを押す

サポート役がタックラーの腰を軽く押し、同時にタックラーはバインドした手を引いて相手を倒す。

動きのコツ

バインドしながら押し込む

上目づかい、二重あご、顔を上げるといったポイントは共通。バインドした腕を引きつけながら前に押し込むと、自然と自分の頭が相手の身体の上に乗る形になる。

タックルで気をつけなければならないのは、倒す時に自分の頭が相手の身体の上になる形になること。サポート役に押してもらうことで前に体重をかけて"相手を倒す"感覚を身につけると同時に、安全な倒し方を身体で覚えましょう。

③ 相手に乗るように倒れる

タックラーはそのまま相手の上に乗るように倒れる。

④ フィニッシュ

最後までしっかりとバインドし、頭が相手の身体の上になるこの状態が理想形。

✕ これはNG

逆ヘッドは厳禁!

相手が走る方向に頭を入れて当たると、頭が相手の身体の下になって地面に打ちつけられる。"逆ヘッド"と呼ばれるこの形に絶対ならないようにしよう。

06

膝立ちタックル②

① セット

相手は膝立ちになり、サポート役がタックルを受ける方向と逆側の手を持つ。

② 間合いを詰める

タックラーが『肩当て』の要領でゆっくり間合いを詰める。

こんなイメージ

頭を打たないことが大事

相手は頭が地面から離れており、タックラーは相手の身体の上に乗るように倒れるこの状態が理想。これならどちらも頭を打たない。

コーチからのアドバイス

タックルを受けた時の安全な倒れ方を覚えましょう。頭を強打して脳震盪を起こさないために、受ける選手も二重あごをつくり首回りをすぼめ、自分のおへそを見る体勢をつくることがポイント。サポート役が手を引っ張ることで、その感覚を身につけます。

❸ タックル

間合いを詰めてタックル。サポート役は相手が地面で頭を打たないように引っ張る。

❹ フィニッシュ

サポート役は適度に手を引き上げて安全に倒れるサポートをする。

ワンランクアップ

押しながら"引く"

タックルでは、「肩を当てて押しながら、バインドした腕を引きつける」という感覚を身につけることが重要になる。バインドをしっかり引けば、腕が相手の身体の下にならないため、地面にこすれてケガをする危険性も減る。

07

ねらい ▶ 立った状態での安全な倒れ方を身につける

タックル（スタンディング）

 セット

相手は立った状態で、サポート役が両手を持つ。タックラーは間合いを詰める。

2 **タックル**

相手の太ももから腰のあたりにタックル。

動きのコツ

高いとタックルしやすい

タックルされる側はスタンディングになると怖さが増す一方、タックラーは的（肩を当てられる部分）が大きくなるぶんタックルしやすい。つまり、当たる時に低い姿勢になると相手がタックルしづらいということを実感できる練習でもある。

コーチからのアドバイス

スタンディングになると視線が高くなるので、タックルを受けて倒れる時に怖さからつい手をついてしまうことがあります。しかし手をつくと逆にケガの危険性が増すので、サポート役に両手を持ってもらい、手をつかない安全な倒れ方を覚えましょう。

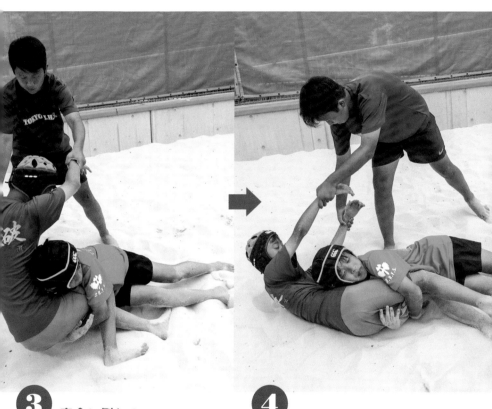

③ 安全に倒れる

サポート役は相手の手を軽く引き上げ、安全に倒れるサポートをする。

④ フィニッシュ

相手は手と頭が地面から浮いた状態。タックラーが相手の身体の上に乗るこの形が理想。

これはNG

倒れる時に手をつかない!

倒れる時に恐怖心から地面に手をつくと、骨折などのケガの危険性が高まる。

斜めからのタックル

1 スタート

3メートル四方のグリッドを
つくり、同じ辺の両コーナー
からスタート。

**2 対角線上を
斜めに動く**

対角線上を動くボールキャリ
アに対し、タックラーも対角
線上を動いて間合いを詰める。

3 タックル

しっかり間合いを詰めたとこ
ろでタックル。

こんなイメージ

怖さに慣れる

この練習のポイントは、する側も受ける側もタックルの怖さに慣れること。
斜め方向に動く相手はタックルポイント（ヒットする部分）が見やすく、怖
さを感じにくいので、この形で動く相手にタックルする感覚を身につけよう。

立った状態で動きながらという、より実戦に近いタックルになります。斜めから入るこの形が一番タックルしやすいので、まずはこの角度からはじめましょう。早歩き、ジョギング、走りながらというように、徐々にスピードアップしていきます。

④ 押し込む

バインドした手を引きながら、足をかいて押し込む。

⑤ フィニッシュ

倒し切ってフィニッシュ。ボールキャリア、タックラーとも安全な体勢で倒れることを意識。

動きのコツ

ポイントをおさえる

動きが入る中でも、倒れる時に手をつかない、あごを引いて頭を浮かせる、相手の身体の上に倒れるといった安全のためのポイントをしっかりおさえること。

正面のタックル

① スタート

3メートル四方のグリッドを使用。対辺の真ん中からそれぞれスタート。

② 間合いを詰める

正面から向かってくる相手に対し、前に出て間合いを詰める。

コーチ
からの
アドバイス

斜めのタックルは入りやすい半面、ヒットが弱い時や体格差が
ある場合、簡単に外されます。正面のタックルは怖さが増しま
すが、相手の走るスピードが上がるほど、軽い力で倒せます。
真正面の相手は倒しやすい、という感覚を実感しましょう。

❸ タックル

タックルできる距離に入った
ところでタックル。

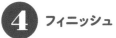

❹ フィニッシュ

バインドしながら足をかいて
倒し切る。

動きのコツ

足をかき続ける

タックルする際に足が伸び切っていると、
力を十分に伝えられない。倒し切るまで
足をかき続けることを意識しよう。

10

ねらい ▶ 相手に抱えられた状態から抜け出す

ボールの取り合い

① **セット**

相手に後ろから身体ごとボールを抱え込まれた状態から、相手の腕を振りほどいて抜け出す。

② **上に伸びる**

抱え上げようとする相手の力に合わせて上に伸びる。

 動きのコツ

いったん相手に合わせる

持ち上げようとする相手の力に逆らって沈もうとするばかりでは、動きが噛み合ってなかなか抜け出せない。いったん相手の力に合わせて動くと、ずらしやすくなる。

コーチ
からの
アドバイス

力の強い相手に抱え込まれると、いくら暴れても抜け出せず相手ボールにされてしまいます。抜け出すコツは、抱え上げようとする相手の力に合わせて一度自分も上に伸び、そこから急に沈むこと。この駆け引きの感覚を身につけましょう。

3 沈みながら腕を切る

急に沈み込んでボールに絡む相手の腕を切る。

4 フィニッシュ

地面にダウンし、ボールを味方側に向ける。

ワンランクアップ

ひねりを加える

上下の動きに加えて、沈み込む時にひねりながら腕を振りほどく。ひねりが加わることで、より力の強い相手に対しても抜け出しやすくなる。

リップ

セット
パートナーがハンドダミー越しにボールを持つ。練習者は1〜2メートル離れる。

② 間合いを詰める
パワーポジションを保ったまま間合いを詰め、十分近づいたところでボールをとりにいく。

こんなイメージ

顔でボールに入る

実戦ではボールが常に動いているため、目と手が離れているとボールへの反応がずれやすい。目と手を連動させ、顔でボールに入るイメージでやってみよう。

コーチ
からの
アドバイス

手でボールをとりにいくのではなく、できるだけ顔をボールに近づけて、はぎとるように味方側へボールを持ってくることが大事。"顔を寄せる"動きはタックルやヒットなどすべてのコンタクトに共通するポイントなので、この練習で確実に覚えましょう。

③ リップ

腕、肩、首回りを使ってボールをもぎとる。

④ フィニッシュ

味方側に引き寄せ、ボールを確保する。

動きのコツ

肘と膝をつける

もぎとる際は右腕の肘を後ろ足の膝につけるようにグッと引き寄せると、力強くリップすることができる。

✕ これはNG

顔が離れている

顔が離れて手だけでボールをとるのは✕。力が入らず、ボールをもぎとれない。

ロングリリース

1 ボールをもぎとる

『リップ』と同じように顔を寄せてボールをもぎとる。

2 スリップダウン

そのまま沈み込んで地面に倒れる（スリップダウンする）。

こんなイメージ

一連の流れですばやく

ロングリリースをする理由は、相手からできるだけ遠い位置に置くことで、ボールを奪われにくくするため。ただし、動作が多くなるとノットリリースザボールの反則をとられるため、一連の流れですばやくこの形になるようにしよう。

リップの延長線上の練習ですが、実際のプレーではボールを持って相手にヒットし、スリップダウンしてボールを味方側へ置く動作になります。この動きをすることで、相手からボールに絡まれにくくなり、すばやく連続展開することにつながります。

3 身体の向きを変える

一連の流れで身体の向きを味方側へ変える。

4 ボールを味方側に置く

できるだけ味方側＝相手から遠い位置にボールを置く。

✕ これはNG

おへそが上を向く

スリップダウンした時におへそが上を向いた状態になると、ボールが丸見えで相手に絡まれやすい。上に乗られた時の危険度も高まるので、必ずおへそが下を向くように倒れること。

13

ジャッカル

手を広げて
相手を離す

 セット

『ロングリリース』の応用練習。

② リップ

間合いを詰めてリップ。

③ スリップダウン

ボールをもぎとってスリップダウン。

✕ これはNG

足が横にそろい、頭が下がっている

足が横にそろった状態で頭を下げてジャッカルにいくと、前から相手に当たられても、後ろから味方に押し込まれても非常に危険な状態になる。とくに小中学生はこの体勢でのジャッカルは避けよう。

コーチ
からの
アドバイス

タックル後にボールを奪う『ジャッカル』は重要なプレーですが、身体ができていない小中学生が大人のマネをすると重傷事故の要因になりかねません。倒れたボールキャリアをまたぎ、オーバーにくる相手に対し低く強い姿勢をつくりましょう。

④ またぐ

ディフェンダーはスリップダウンしたボールキャリアをまたいでボールに絡みにいく。

⑤ ジャッカル

腰を落として低い姿勢になり、ボールを奪いとる。

ワンランクアップ

「ハンズアップ」でオーバーへ

倒れている相手をまたいでジャッカルにいくと、レフリーから「ハンズアップ！」（ボールから手を離しなさい、の意）のコールがかかった時も、そのまま前に出てオーバーしやすくなる。

14

ラックのオーバー

①スタート

攻撃側2人対防御側1人。ボールキャリアがパワーポジションの姿勢でハンドダミーを持ったディフェンダーにヒット。

②身体を寄せる

サポートプレーヤーがすぐにボールをカバーするように身体を寄せる。

③スリップダウン

2人一体となってドライブし、ボールキャリアがスリップダウン。

動きのコツ

ボールの争奪を意識

オーバーの目的は、ボールを奪おうとする相手をクリーンアウトすること。争奪は必ずボールの位置で起こるので、ボールのあるところを意識してオーバーしよう。

コーチからのアドバイス

タックルの後、ボールに絡みにくる相手をオーバーしてボールをキープするための練習です。相手はボールに絡みにくるので、しっかりとボールの上をまたいで越え、押し込んでクリーンアウトするよう意識しましょう。

④ またぐ

倒れたボールキャリアをサポートプレーヤーがまたぐ。

⑤ オーバー

足をかいてディフェンダーを押し込む（オーバーする）。

⑥ クリーンアウト

ボールキャリアを完全に越えるまでクリーンアウトする。ボールキャリアはできるだけ味方側へボールを置く。

こんなイメージ

身体を密着させる

サポートプレーヤーがボールキャリアに身体を寄せられないと、隙間から相手に入り込まれてしまう。2人が一体となるイメージでしっかりと身体を密着させよう。

15

2列コンタクト①

① ボールキャリア
からスタート

② サポートは
オーバーに入る

③ SHとなって
隣の列にパス

④ パス後、SHは
サポートに回る

スタート→ヒット

アタック側は2列になり、2人のディフェンダー
がハンドダミーを持ってセット。ボールキャリ
アがヒットし、サポートがオーバーに入る。

タメをつくり、タイミングよく受ける

ディフェンダーがハンドダミーを当てに
くる中、ボールキャリアはしっかりタメ
をつくりタイミングよくパスを受けよう。

オーバー→パスアウト

スリップダウン→クリーンアウトしたら、3人
目の選手がSH（スクラムハーフ）となって隣
の列にパス。

コーチからのアドバイス

より実戦に近いコンタクト練習です。早いテンポの流れの中で、パワーポジション、姿勢、ダウンボール、ボール争奪位置をオーバーするなど、これまでの練習のポイントをおさえながら取り組みましょう。

ボールキャリア

SH

❺

❻

❼

❽

ヒット→スリップダウン

ディフェンダーに対し、タイミングよくパスを受け、ヒット。前に出たところでスリップダウン。

こんなイメージ

パスをしたらすぐサポート

SH役がひとつの仕事で終わらず、次の仕事をすることもポイント。パスをしたらすぐにサポートにいくことを意識しよう。

オーバー→パスアウト

サポートプレーヤーがディフェンダーをオーバー。SHが隣の列にパスアウト。

ワンランクアップ

ボールが転がらないように

ボールキャリアはダウンボールした後にボールが転がらないよう手でおさえておくと、味方が蹴ってしまうことを防げる。

16

2列コンタクト②

セット→ヒット→パスアウト

基本的な流れは『2列コンタクト①』と同じ。ディフェンダーを
各列2人ずつ増やし、6人で守る。

コーチ
からの
アドバイス

ボールキャリアは体勢が崩れた状態で2人目のハンドダミーが当たりにくるため、すぐにパワーポジションに戻って強い姿勢をとることが大事です。プレッシャーが強くなる中でも、これまで練習したことをおさえながらできるように意識してください。

1人目のディフェンダーを
ずらして前に出る

❺

2人目のディフェンダーが
当たる

❻

❼

❽

❾

❿

ディフェンダーは当たりにいく

1人目のディフェンダーが抜かれたら、2人目のディフェンダーが当たりにいく。

ラック→パスアウトを繰り返す

アタック側はスリップダウン→オーバーでボールキープし、SHが逆の列へパスアウト。

ワンランク**アップ**

選択肢を持ってサポートする

パスをした選手がサポートにつく時、オーバーすることだけを考えるとそれしかできない。内側でリターンパスを受けたり、リップしてそのまま前に出たりといった選択肢を持ってサポートできると、プレーの幅が大きく広がる。

133

コンタクト練習が必要な理由

　ラグビーでは、どれほど避けようとしても必ずコンタクトが起こります。ポジションによって頻度は変わりますが、試合中に一度も相手に接触しない選手など、まずいないでしょう。ですから、コンタクトプレーの練習は誰もが絶対にしなければならないものといえます。

　安全の観点でいえば、まず自分の身を守るために、しっかりとした当たり方、倒れ方を練習する必要があります。またボールゲームの観点では、コンタクトプレーは『ボールの争奪』に直結します。攻撃側はタックルされた後、自分たちのボールをキープすることで、またアタックすることができます。逆に防御側は、タックルした後の争奪戦で相手ボールを奪えば、今度は自分たちが攻められるようになります。ボールを取り返せなければ、いつまでもディフェンスをし続けなければなりません。

　おそらくほとんどの人は、ディフェンスよりもアタックをするほうが楽しいはずです。その楽しいアタックをするためには、ボールを確保しなければならない。だからこそ、正しいコンタクトプレーやサポートの仕方、タックルの仕方など、コンタクトスキルの練習が必要になるのです。

　ただ激しくぶつかり合うだけの練習ととらえると、苦手な選手はどんどんコンタクトプレーが嫌いになっていきます。たしかにコンタクト練習は痛く、きついものですが、「楽しいアタックをするため」と考えれば、意欲的に取り組めるようになると思います。

コンビネーションプレー

大人数でプレーするラグビーには、多くの連携プレーがある。
複数で連動しながら、お互いを生かし合おう。

01

スクエアパス①

基本の動き

走る練習者にパス

① スタート

自分のコーナーから、反対側の対辺に向かってスタート。

② キャッチ

隣のコーナーからのパスを走りながらキャッチする。

④ パス

一連の流れで、次のコーナーへパスする。

③ 次のパス動作へ

キャッチした状態からボールを持ち替えずに、すぐ次のパス動作に入る。

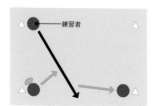

練習者

図 ポジションと動き方

動きの**コツ**

握る→パスを意識

大人数で行うため周囲にたくさん人がいる状況になるので、ぶつからないよう斜めに走ってもいい。"握って、そのままパス"することを意識しよう。

コーチ
からの
アドバイス

この練習のポイントは、ボールをしっかり握り、キャッチした状態からボールを持ち替えずにパスすることです。また、4つのボールを使うので、狭いスペースでも大勢の選手がたくさんボールにさわれるのも大きなメリットになります。

① ② ③ ④

ボール4つのパターン

基本の動きを理解したら、ボールを4つにして大人数で連続して行う。ぶつからないようコースを考えながら走り、テンポよくパスを回せるようになろう。

ワンランク**アップ**

バリエーションを広げよう

狭いスペースで、大勢の選手が、たくさんボールタッチできるのがこの練習のメリット。ボールの個数やパスの方向、走るコースを変えることで、バリエーションを広げることもできる。

スクエアパス②ワイド

① コートを広げてスクエアパス

前項のスクエアパス①から、グリッド（コート）を大きくして行う。ボールは2球使用。

⑥ フォロースルー

パスの距離が長くなるため正確にパスを放る。ボール2球でこの流れを繰り返す。

 こんな**イメージ**

数をこなして上手くなる

ハンドリングは技術的なポイントをおさえつつ数をこなすことで上手くなる。大人数が数多くできるグリッドはおすすめだ。

 動きの**コツ**

パスを受ける位置を工夫する

長いパスを放るのが苦手な選手は、パスを投げる相手に近い位置でパスを受け、放る距離を短くするなど工夫してみよう。

コーチからのアドバイス

スクエアパス①はキャッチ＆パスが狙いでした。次はグリッドを大きくしてパスの距離を長くし、ハンズアップ、アーリーキャッチ、フォロースルーといったパスのスキルをより意識して、長いパスを正確に放れるように取り組みましょう。

2 パスアウト → スタート

隣のコーナーへパスアウトし、対辺に向かってスタート。

3 対辺へラン

走りながらパスを受ける準備をする。ここでも走るコースは限定しない。

5 アーリーキャッチ

キャッチの時はできるだけパサーに近い位置でアーリーキャッチを意識。

4 ハンズアップ

隣のマーカーからのパスを、ハンズアップで受けにいく。

ワンランクアップ

さらにコートを広げる

レベルに応じてコートをさらに広げていく。よりパス能力が求められる練習になる。

03 ストレートラン①

1 スタート

自分の前の練習者にボールを
出してからスタート。

2 横へ移動

パスに対しストレートランで
走り込める位置に移動する。

3 方向転換

横移動から角度を変えていっ
たん止まり、ダッシュでスト
レートラン。

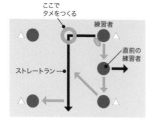

ここで
タメをつくる
練習者
直前の
練習者
ストレートラン

図 ポジションと動き方

動きのコツ

緩急を意識

ダラダラ動くのではなく、ダッシュ、いったん止まって
ふたたびダッシュというように、スピードの緩急を意識
すると動きにメリハリがつく。

コーチ からの アドバイス

スクエアパスと同じ流れで、ラグビーで大切な「ストレートラン」を意識した練習です。ダラダラ動くのではなく緩急をつけ、視野を広く保ち、まっすぐ走りながらパスできるようになりましょう。

4 ストレートラン

まっすぐ走り込んでハンズアップでパスを受ける。

5 キャッチ

アーリーキャッチで受け、一連の流れで次のパスへ。

パスした人が
次の練習者に

6 パス

ストレートランをしながらパスを放る。ボール2球でこの流れを連続する。

こんなイメージ

全体の状況を把握

方向転換からストレートランする時、前を向いたままぼんやり周辺を見て全体の状況を把握しよう。

ワンランクアップ

相手の注意を引きつける

ダッシュする前に、足を細かく動かして「いくぞ」という姿勢を見せよう。相手の注意を引きつけられる。

04

ストレートラン②

パスをしながら
移動する

練習者1　　　　練習者2

1 スタート

練習者1が隣のコーナーへパスしてスタート。

2 ポジショニング

パスを受ける位置まで移動し、タメをつくる。

ボールを渡す

8 繰り返す

次のターンの選手が同様にストレートランで
パス。この流れを繰り返す。

7 次のターンへ

練習者2からコーナーの選手にボールを渡し、
次のターンへ。

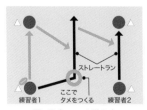

図 ポジションと動き方

こんなイメージ

前に出すぎない

練習者1は対辺に相手がいると想定し、小刻みに足を動
かしタメをつくって出る。前に出すぎるとパスする間合
いがなくなる。

コーチ
からの
アドバイス

外側の選手を加え、2人でストレートランしながらパスをつなぐ、より実戦に近い練習です。練習者1はタメをつくってストレートランで相手防御を引きつけ、練習者2は自分がボールを受けたい位置をコールしてパスをつなげましょう。

3 ストレートラン

ストレートランで前に出ながらパスを受ける。

4 コール

練習者2が、パスを受けたい位置（浅くor深く）をコールで伝える。

6 キャッチ

練習者2が走り込みながらパスをキャッチ。

5 パス

ストレートランしながらパス。練習者2もストレートランで受けにいく。

動きのコツ

すばやくポジショニング

相手がセットするより先に仕掛けられるよう、練習者1はすばやくポジショニングすることを意識する。

ワンランクアップ

パスを受けたい位置を伝える

練習者2はパスを受けたい位置を伝える。自分で突破する時は浅い位置、外にパスをする時は深い位置で受けるイメージ。

05

ストレートラン③

練習者1　練習者2

1 スタート

SHがコーナーからパスアウトしてスタート。

2 ストレートラン&アーリーキャッチ

練習者1はタメをつくった状態からストレートランし、アーリーキャッチ。

8 スタート

ふたたびSHがパスアウトしてスタート。これを連続で行う。

7 ポジショニング

次の練習者2人がポジショニング。

こんなイメージ

相手をかわしながらパスを受ける

練習者2は自分をマークする相手ディフェンダーをかわすイメージで、カットインまたはカットアウトしながらパスを受ける。

ストレートラン②をさらに発展させた応用練習です。毎回SHがパスアウトし、外側の選手（練習者2）はカットイン（内に切れ込む）かカットアウト（外へ開く）しながらパスを受けます。

カットアウト

3 コール

練習者2がもらいたい深さやカットインorカットアウトをコールして伝える。

4 パス

練習者2のコールに合わせて練習者1がパス。

次の練習者1

6 ダウンボール

練習者2は次のコーナーへダウンボール。SHはそこへ移動し、次の練習者がスタート。

5 キャッチ

練習者2がカットインorカットアウトしながらキャッチ。

ワンランク**アップ**

ディフェンダーを立たせる

練習者1の前にディフェンダーを立たせたり、練習者2の前にディフェンダーを置いたりすると、より実戦的な形になる。レベルに応じてアレンジしよう。

06

四角形ランパス

斜め後ろでパスを受けた選手が前へ出る

四角形に並び、起点となる前の選手が斜め後ろの選手にパスしてスタート。カットインorカットアウトでボールを受け、前の選手を追い越して前に出る。

こんなイメージ

ずらしながらボールを受ける

レシーバーは自分の前に選手（仮想ディフェンダー）がいるため、必ずカットインかカットアウトでよけなければ前に出られない。自然と相手をずらしながらボールを受ける動きが身につく。

通常のランパスは横一列に並んで行いますが、これでは動きが短調になり、まともにボールをもらうことになります。この形だと自分の前に選手がいるので、自然とずらしながらボールを受ける形になります。

前に出た選手が斜め後ろにパス、を繰り返す

前に出たボール保持者が斜め後ろの選手へパス。同様にカットインかカットアウトしながらキャッチし、前に出る。一連の流れでパスを繰り返す。

ワンランク**アップ**

ライン攻撃での裏通しのパスにも

ランパスの並びを立体的にすることで、より実戦的なパスの投げ方、受け方になる。カットアウトで受ける動きは、ライン攻撃での裏通しのパスにもつながる。

ゲートラン①

① ② B A
⑧ ⑦

やや内向きに走りながらパスをつなぐ

Aのマーカーを目安に相手ディフェンダーの外側に立ち、SHのパスアウトでスタート。
Bのマーカーを目標にやや内側へ走り込みながら、外へパスをつないでいく。

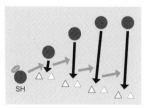

図 ポジションと動き方

こんなイメージ

内側めがけて走り込む

ボールをもらってから内に入るのではなく、深いラインでやや内側めがけて走り込むようにしよう。走り込みながら必ずゲートの手前でパスすることも徹底する。

コーチ
からの
アドバイス

ストレートランで走り込みながらパスをつなぐことを意識づけ
る練習です。自分ではまっすぐ走っているつもりでもつい外へ
流れがちなので、相手の外から内へやや切れ込むようなコース
どりで走り込むようにしましょう。

スピードに乗ってゲートの前でパス

外にいくほどスピードに乗りやすい。その状態で、必ず自分のゲートよ
り手前でパスをつなぐこと。ゲートを超えてパスをするのは×。

ワンランク**アップ**

浅いラインにもチャレンジ

深いラインで行うと、ゲートまでの距離があるため余裕を持ってパスできる。
慣れてきたら浅いラインでやってみよう。ゲートまでの距離が近いため、タメ
をつくる、キャッチしてすぐにパスを放るといったスキルが高まる。

08

ゲートラン②

フラットな並びでスタート

横一列のフラットな並びで、内側から順にスタートを切り、
外へパスをつないでいく。

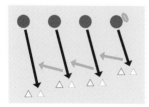

図 ポジションと動き方

こんなイメージ

順に走り出せば自然と深さができる

わざわざ外の選手が後ろに下がらなくても、スタートの
タイミングを遅らせて順に走り出すことで、自然と深さ
のあるラインができる。そのイメージをつくろう。

ゲートラン①を、フラットな並びからスタートして行います。
ラインに深さがないので、全員一斉にスタートすると外まで
ボールが回りません。スタートのタイミングを遅らせることで、
ラインの深さを調整するイメージを養いましょう。

遅れて走り出すことでラインに深さがつく

内側の選手が出た後にスタートを切れば、自然とラインに深
さがつく。

 これはNG

同じタイミングでスタートしない

内の選手と同じタイミングで外の選手が
スタートすると、ラインに深さをつけら
れず、外までパスを回せない。

09

タッチフット①

タックルの代わりにタッチで行う

1チーム5〜10人程度。コートの大きさは人数に合わせて調整する。タックルの代わりにボールキャリアがディフェンダーにタッチされたらその場でストップし、味方にパスアウトすること。パスとランを駆使し、トライを狙う。

!! 動きの**コツ**

タッチ周辺を攻略する

タッチした選手が攻撃側のSHになるため、タッチ周辺のディフェンスが薄くなる。そこを攻めたり、逆にそのスペースを埋めようとディフェンダーが内に寄ったところで外を攻めたりするなど、スペースを意識しよう。

コーチ
からの
アドバイス

タッチが起こるごとに守備側は人数が減り、反対に攻撃側は人数が増えるため、ミスをしない限りいつか必ずトライがとれます。数的優位を生かし、スペースを攻めてトライをとり切ることを意識しましょう。

タッチした選手は相手側SHに

通常は決まったタッチ回数で攻守交代（例：5回タッチしたら交代）などのルールで行うが、このメニューはタッチした選手が相手チームのSHになってボールアウトし、そのまま相手チームでプレー。タッチ回数は無制限にし、ミスが起こるか、トライをとれば攻守交代というルールで行う。

ワンランク**アップ**

少ない人数での止め方を考える

タッチフットはディフェンスの練習にもなる。地域、人数をふまえ、思い切って前に出てタッチしたり、引き気味にして外に流しタッチライン際に追い込んだりするなど、人数が少なくても止める工夫を考えよう。

10

タッチフット②

ルールを変えてアレンジ

目的に応じてさまざまな形にルールを変えられるのも、タッチフットのよさだ。
タッチ回数やタッチ後の動きを変えるなどして、実戦的にアレンジしてみよう。

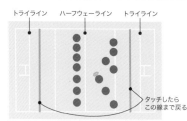

図 **ポジションと動き方**

 動きの**コツ**

スペースにすばやく反応する

攻撃は数的優位の状況で空いたスペースをすばやく攻めること、ディフェンスはタッチ後、いち早く戻ってスペースを埋めることを意識する。

攻撃側はタッチされれば必ず相手ディフェンダーがひとり減るわけですから、3回の攻撃権の中でいかにタッチされてオーバーラップ状況を作り、トライをとり切るかをイメージしてアタックを組み立てましょう。

タッチした選手は
自陣深くまで戻る

このメニューでは、タッチした選手は自陣のトライラインの前に引かれた線までいったん戻ってからでなければプレーに復帰できないルール。タッチ3回で攻守交代する。

こんなイメージ

カバーディフェンスまで抜き切る

いったんラインまで戻ってプレーに戻った選手は、攻撃側にとって試合で抜け出した後にくるカバーディフェンスに近い。味方と連携し、最後まで抜き切ることを意識しよう。

ラグビーの用語集

アーリーキャッチ
パサーのほうへ手を出し、とりにいくようにしてパスを受けること。

アドバンテージ
反則があった後、そのままプレーを継続したほうが反則を受けたチームにとって有利な状況になる可能性がある場合に、ただちに反則をとらずプレーを継続すること。

インゴール
ボールを地面につけるとトライが得られる区域。

Hポール
ゴールポストのこと。ポストの間、クロスバーより上のエリアをキックが通過すれば得点となる。

オフサイド
主に、ボールより前にいる選手がプレーに参加する反則。相手にペナルティキックが与えられる。

オフロードパス
タックルを受けながら味方につなぐパス。

キャップ
テストマッチ国際試合の出場回数。

キャリーバック
自分たちで自陣のインゴールに持ち込んだボールをグラウンディングすること。相手ボールのスクラムでのプレー再開となる。

グラウンディング
プレーヤーがボールをインゴールの地面につけること。

クリーンアウト
タックルが起こった後のボール争奪戦などで、相手選手を押し込んでオーバーするプレー。

コーナーフラッグ
ピッチの四隅に立つコーナーフラッグポストにつけられた旗。

ゴールキック
トライした地点からタッチラインと並行の延長線上で、ゴールを狙って蹴るキック。成功すると2点が得られる。

ジャージー
ラグビーのユニフォームのこと。

スクラム
軽い反則があった後に行われる、プレーのリスタート方法。両チームの決まった人数の選手がバインドし、組み合う。

ストレートラン
ゴールラインに向かってまっすぐ走ること。

スローフォワード
ボールを前に投げる反則。相手ボールのスクラムになる。

スローワー
ラインアウトでボールを投げ入れる選手のこと。

セットプレー
スクラム、ラインアウトなど、試合を再開させるプレー。

ターンオーバー
防御側が攻撃側のボール
を奪って攻守が入れ替わる
こと。

タックル
ボールを持っている相手プ
レーヤーに肩を当て腕をバ
インドし、そのプレーヤー
を倒すこと。

タッチライン
グラウンドの両サイドに引
かれたラインのこと。ここ
からボールが外に出るとプ
レーが中断される。

ディフェンダー
守る選手のこと。

テストマッチ
国の代表同士が対戦する正
式な国際試合。

トライ
敵陣のインゴールにボール
をグラウンディングすること
で認められる得点。5点が
得られる。

ドロップアウト
キックなどで相手によって
自陣インゴールに運ばれた
ボールをグラウンディング
した場合、または相手チーム
が蹴ったボールがそのまま

自陣デッドボールラインか
ら出た場合に、ドロップキッ
クで試合を再開する方法。

ドロップゴール（キック）
プレー中にボールを一度地
面にバウンドさせた後のキッ
ク（ドロップキック）で、ゴー
ルを狙うプレー。成功する
と3点が得られる。

ノーサイド
試合終了のこと。試合が終
われば敵味方のサイドがな
くなり、お互いに健闘を称
え合うことから生まれた言
葉。

ノーバインドタックル
バインド（腕を相手に回す）
することなく肩などでぶつ
かっていくタックル。危険
なプレーで重い反則となる。

ノックオン
ボールを前に落とす反則。
相手ボールのスクラムになる。

ノットストレート
スクラムやラインアウトで
まっすぐボールを投げ入れ
なかった反則。それぞれ相
手ボールのフリーキック、ス
クラム（またはラインアウト）
で再開となる。

**ノット・リリース・ザ・
ボール**
倒れたままボールを離さな
い反則。相手にペナルティ
キックが与えられる。

バインド
スクラムやモール、ラックな
どの状態で、他のプレーヤー
をしっかりと腕全体を使っ
てつかまえ、密着すること。

ハンズアップ
パスを受ける時に手を上げ
てプレーヤーにターゲット
を示すこと。

ハンド
ラックの中にあるボールを
手で扱う反則。相手にペナ
ルティキックが与えられる。

ハンドリング
ボールを手で扱う技術のこ
と。

フィンガーキャッチ
両手の指でパスをキャッチ
すること。

フェアキャッチ
自陣22メートルライン内に
相手が蹴り込んだボールを、
「マーク!」といいながらノー
バウンドでキャッチすること。

フォロースルー
パスを投げた後、ターゲットに向けて腕を振り切る動作のこと。

フリーキック
フェアキャッチをした際や中程度の反則があった場合に与えられるキック。直接タッチに蹴り出すことはできない（蹴った地点での相手ボールのラインアウトになる）。

ブレイクダウン
タックル後に起こるボール争奪局面のこと。

ペナルティ
反則のこと。

ペナルティキック
重い反則があった場合に与えられるキック。ペナルティゴールを狙ったり、直接タッチに蹴り出すことができる（タッチに出た地点でのマイボールラインアウトになる）。

ペナルティゴール
ペナルティを獲得した地点より後方の、タッチラインと並行な延長線上でゴールを狙って蹴るキック。成功すると3点が得られる。

モール
ボールを持ったプレーヤーを中心に、攻撃側2人、防御側1人以上が、立った状態で組み合う密集プレーのこと。

ラインアウト
タッチラインの外にボールが出た時、タッチラインに垂直に並んだ両チームのプレーヤーの間にボールを投げ入れ、奪い合うリスタート方法。まっすぐにボールを投げ入れられなかった時は、ノットストレートの反則となる。

ラック
地面にあるボールの上で、両チーム1人以上の選手が立った状態で組み合って奪い合う密集プレーのこと。

ロータックル
相手の腰から下の低い位置に肩を当てるタックル。

著者紹介

長島 章
世田谷区立千歳中学校ラグビー部監督

1971年4月21日生まれ、東京都出身。都立豊多摩高校→国際武道大卒業。江戸川区立松江五中を経て中野区立北中野中に赴任し、ラグビー部を創部して関東屈指の強豪校に育て上げた。千歳中には2007年より赴任し、関東大会優勝1回、太陽生命カップ全国中学生大会にも3回出場するなど、輝かしい成績を収めている。またトップリーグや強豪大学などで活躍する好選手も多数輩出。東京都普及強化委員会。現役時代のポジションはFL。

SCHOOL & TEAM DATA
世田谷区立千歳中学校

1947年創設。世田谷区内でも有数の歴史と伝統のある学校であり、これまでに1万9000名を超える卒業生を輩出している。ラグビー部は1996年創部。指導陣は長島監督のほか、加藤敦先生、斉藤光弘コーチ。主な戦績は現在関東中学校大会に11年連続出場し、優勝1回（2019年）。東日本中学校大会は現在10年連続出場中で、最高成績は準優勝。太陽生命カップ全国中学生大会は平成24年の初出場をはじめ、これまで3回出場している（最高成績は4位）。

／ 撮影に協力いただいた、世田谷区立千歳中学校ラグビー部のみなさん ＼

編集制作	ナイスク（http://naisg.com/）
	松尾里央、岸 正章、内海舜資
取材・執筆	直江光信
装丁・デザイン	レンデデザイン
	小澤都子
撮影	長尾亜紀、長岡洋幸

目で学ぶシリーズ4
見るだけでうまくなる！

ラグビーの基礎

2020年11月15日　第1版第1刷発行

著　者	長島 章（世田谷区立千歳中学校ラグビー部監督）
発行人	池田哲雄
発行所	株式会社ベースボール・マガジン社
	〒103-8482
	東京都中央区日本橋浜町2-61-9 TIE浜町ビル
	電話　03-5643-3930（販売部）
	03-5643-3885（出版部）
	振替口座　00180-6-46620
	HP　http://www.bbm-japan.com/
印刷・製本	大日本印刷株式会社